EEN HELEN EXLEY CADEAUBOEK

Niets uit deze uitgave mag worden verveelvoudigd en/of openbaargemaakt door middel van druk, fotokopie, microfilm of op welke andere wijze dan ook, zonder voorafgaande schriftelijke toestemming van de uitgever.

12 11 10 9 8 7 6 5 4 3

© 2002 Helen Exley.
The moral right of the author has been asserted.
2002 Engelstalige uitgave: Exley Publications, Watford
Oorspronkelijke titel: The real meaning of success
NUR 370
ISBN 90 432 1121 4

HET KLEINE BOEKJE

Veel succes!

▨ EXLEY

Vertrouwen hebben in jezelf is het eerste geheim van succes …

RALPH WALDO EMERSON
(1803 - 1882)

Succes heeft niets te maken met wat je in het leven verwerft of voor jezelf bereikt. Het is wat je doet voor anderen.

DANNY THOMAS

Uitgroeien tot een wijs en vriendelijk iemand, is het ware succes.

ONBEKEND

SUCCES LIGT IN JEZELF

Succes is een proces, een geestesgesteldheid en een manier van bestaan; een bevestigend antwoord op het leven.

ALEX NOBLE

*Je hebt het hoogst
mogelijke succes
bereikt als je
geld en loftuitingen
en in de schijnwerpers
staan niet belangrijk
meer vindt.*

THOMAS WOLFE

Succes is niet een plek waarop je aankomt, maar veel meer ... de geestdrift waarmee je de reis onderneemt en voortzet.

ALEX NOBLE

*Succes is betrekkelijk:
het is wat we kunnen
maken van de puinhoop
die we ervan gemaakt
hebben.*

T.S. ELIOT

Een werkelijk groot mens is te herkennen aan drie dingen: ruimdenkendheid wanneer hij iets onderneemt, menselijkheid in de uitvoering en bescheidenheid bij succes.

OTTO VON BISMARCK
(1815 - 1898)

Wat is succes?

*Succes is een medaille,
een oorkonde, een
afkorting voor je naam,
applaus, een juichkreet,
een zilveren beker.
Succes is een vinkje bij*

elke som, een lolly bij de eindstreep, een stralendblauw lintje op je zwempak. En succes is een knuffel, een zoen, een glimlach.

PAMELA DUGDALE

*Zonder geestdrift is er
nog nooit iets groots
tot stand gebracht.
Zo mooi gaat het er in
het leven aan toe;
het komt met
uitbundigheid.*

RALPH WALDO EMERSON
(1803 - 1882)

Wie succes behaald heeft, heeft goed geleefd, vaak gelachen en veel liefgehad; hij heeft de bewondering en genegenheid van goede mensen

*gesmaakt; hij heeft
zijn omgeving verrijkt
en zijn taak
volbracht.
Hij heeft de wereld
beter achtergelaten
dan hij die aantrof …*

BESSIE A. STANLEY

*De oom die verhaaltjes
kan vertellen, liedjes
kan zingen en spelletjes
kan bedenken,
mag in de wereld van
volwassenen misschien
niet veel voorstellen –
maar is in de ogen
van kinderen een
gekroonde koning.*

PAM BROWN

Succes is … een opeenvolging van glorierijke nederlagen.

MOHANDAS GANDHI

Succes kun je afmeten aan de hoogte waarop je terugstuitert als je de bodem raakt …

GEORGE PATTON

Onze grootste prestatie is niet dat we nooit vallen, maar dat we telkens als we gevallen zijn, weer opstaan.

CONFUCIUS
(551 - 479 V.CHR.)

Grootse dingen zijn vaak gegrondvest op een stevige onderlaag van mislukking.

PAM BROWN

Een levenstaak

Niemand van ons wordt zomaar van de ene op de andere dag iemand. De voorbereidingen lagen in het doorlopen van een leven lang.

GAIL GODWIN

*Succes wordt langzaam
en met zorg
uitgesneden.*

PAM BROWN

*Diamanten zijn gewoon
stukjes kool die stug
volhielden.*

MINNIE RICHARD SMITH

Succes heeft een hoge prijs

Ik ken de prijs van succes: inzet, hard werken en niet-aflatende toewijding aan datgene wat je wilt zien gebeuren.

FRANK LLOYD WRIGHT
(1867 - 1959)

Als je kiest voor succes – loop je de kans dat je al het andere dat waardevol is, verliest.

PAM BROWN

*Geen illusie is wreder
dan de illusie dat
groot succes en
bergen geld je
vrijwaren van de
alledaagse kwalen
van ons mensen …*

LARRY MCMURTY

Weelde, beroemdheid, positie en macht zijn in het geheel geen maatstaf van succes.

WILLIAM DANFORTH

Er moet meer in het leven zijn dan alles te hebben.

MAURICE SENDAK

Een eenzaam oord

Uiterlijk is iemand een ster. Maar in werkelijkheid is hij helemaal in z'n eentje, twijfelt aan alles. Het ervaren van die geestelijke eenzaamheid is het allermoeilijkste.

BRIGITTE BARDOT

Beroemdheid brengt altijd eenzaamheid met zich mee. Succes is ijskoud en eenzaam als de Noordpool.

VICKI BAUM
(1888 - 1960)

Wees voorzichtig met succes

Onze wens in vervulling te zien gaan, behoort tot de meest trieste grappen van het Lot.

JAMES RUSSELL LOWELL

Succes vermoordt meer mensen dan kogels.

TEXAS GUINAN

*Succes is gevaarlijker
dan mislukking.
De golven ervan
slaan tegen een
bredere kustlijn.*

GRAHAM GREENE
(1904 - 1991)

Alle mensen die grootse dingen hebben bereikt, waren dromers.

ORISON SWETT MARDEN

In het diepst van je hart moet je geloven dat jij kunt slagen waar anderen gefaald hebben.

SIR ARTHUR CONAN DOYLE
(1859 - 1930)

*Maak geen kleine
plannen; die hebben
geen toverkracht ...
Maak grote plannen,
streef naar het hoogste
in verwachting
en werk.*

DANIEL H. BURNHAM

*De grote, succesvolle
mensen in de wereld
hebben hun fantasie
laten werken …
ze denken vooruit en
vormen zich een
mentaal beeld,
en gaan dan
aan het werk.
Ze maken dat beeld
tastbaar in al haar*

details, vullen hier wat in, voegen daar iets toe, veranderen dit een beetje en dat een beetje; maar telkens bouwen ze voort … en verder.

ROBERT COLLIER

GEESTDRIFT

Het ware geheim van succes is geestdrift. Of, misschien nog wel meer dan geestdrift, opwinding.

WALTER CHRYSLER
(1875 - 1940)

*Je kunt alles wat je wilt krijgen, als je het maar heftig genoeg wilt.
Je moet het willen met een uitbundigheid die door je huid heen breekt en zich samenvoegt met de energie die de wereld tot stand bracht.*

SHEILAH GRAHAM

Succes heeft geen geheim. Heb je ooit iemand ontmoet die 'geslaagd' was, maar die jou daar niets over vertelde?

KIN HUBBARD
(1868 - 1930)

Succes moet je niet zozeer afmeten aan de positie die iemand in het leven heeft bereikt, als wel aan de hindernissen die we moesten nemen voordat we dat succes behaalden.

BOOKER T. WASHINGTON
(1856 - 1915)

Soms lijkt het alsof succes komt door een toevalstreffer of doordat je op het juiste moment op de juiste plek bent. Maar meestal zijn die juiste plek en dat juiste moment voorafgegaan door veel hard werken, een optimistische instelling en openstaan

en ongeremd zijn, zodat
we datgene kunnen
aantrekken wat goed en
positief is voor ons.

RUTH FISHEL,
UIT 'TIME FOR JOY'

Wie we zijn

*Slagen komt niet voort
uit wat we doen, maar
uit wie we zijn.
Onze kracht
in de wereld is
het gevolg van de
kracht in onszelf.*

MARIANNE WILLIAMSON

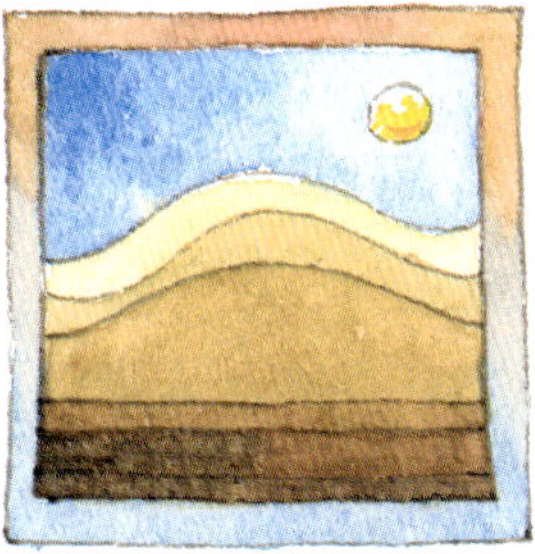

Je grootste kans op geluk, gevoel van eigenwaarde en innerlijke voldoening – die dingen waaruit echt succes bestaat – ligt niet in zo veel mogelijk te leren, maar in iets

wat je de moeite waard vindt zo goed mogelijk te doen.
Of dat nu het genezen van zieken is, hoop geven aan hopelozen of een bijdrage leveren aan de schoonheid van deze wereld, of de wereld voor een kernramp behoeden …

WILLIAM RASPBERRY

De kracht om door te zetten ondanks alles, de kracht om vol te houden – dat is wat een winnaar in zich heeft. Doorzettingsvermogen is de kunst om keer op keer mislukkingen onder ogen te zien, zonder op te geven – om verder

te gaan ondanks grote inspanningen, in het vertrouwen dat jij kunt slagen. Doorzettingsvermogen betekent moeite doen om elke hindernis te overwinnen, en te doen wat er nodig is om je doel te bereiken.

WYNN DAVIS,
UIT 'THE BEST OF SUCCESS'

Als wel duizend plannen falen, verlies dan toch niet de moed. Zolang het doel dat je voor ogen hebt goed is, heb jij niet gefaald.

THOMAS DAVIDSON
(1840 - 1900)

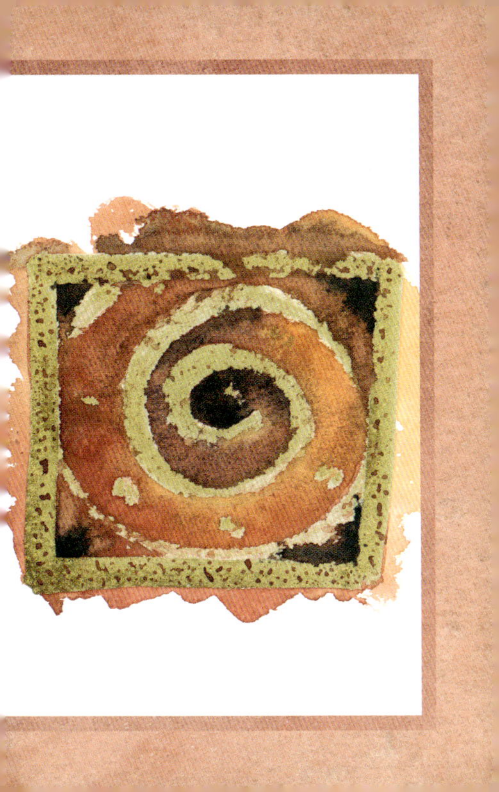

Prestatie of succes?

Mijn moeder maakte onderscheid tussen prestatie en succes. Ze zei dat je bij een prestatie weet dat je hebt gestudeerd en hard gewerkt,

en je uiterste best hebt gedaan.
Bij succes word je door anderen geprezen, en dat is ook leuk, maar niet zo belangrijk of bevredigend.
Je moet je altijd richten op de prestatie en niet denken aan het succes.

HELEN HAYES
(1900 - 1993)

Waar je nu staat

De beste plek om te slagen is waar je staat met wat je hebt.

CHARLES M. SCHWAB

De gretige zoektocht naar geld of succes zal mensen vrijwel altijd ongelukkig maken. Waarom? Omdat zo'n leven hen afhankelijk maakt van dingen die buiten henzelf liggen …

ANDRÉ MAUROIS
(1885 - 1967)

De keerzijde ...

Als succes afhangt van misbruik van de mensen om je heen – kies dan liever voor mislukking!

PAM BROWN

Persoonlijk of zakelijk succes, alleen gebaseerd op materialisme, is een lege huls ... waarin een triest leven schuilgaat.

GEORGE R. WHITE

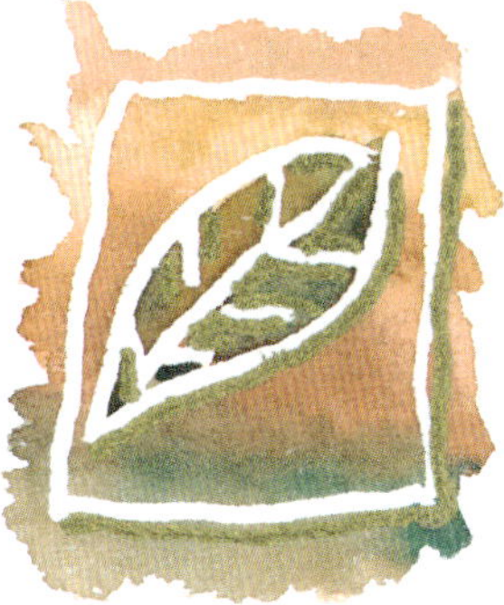

*Mensen die roem en de
mening van anderen als
het belangrijkste doel
in hun leven zien,
jachten dat altijd na
als een dorstige hond.
Zij vinden nooit rust ...*

MARTIN GREY

Wie vol vertrouwen de richting van zijn dromen volgt, en het leven durft te leven dat hij zich voorstelde, zal een succes ontmoeten dat hij op gewone tijden niet verwacht.

HENRY DAVID THOREAUX
(1817 - 1862)

Het succes telt steeds minder

Aan het eind van ons leven doet succes er niet veel meer toe. Alleen vriendschappen tellen nog.

PAM BROWN

*Hoe dichter je bij de top
komt, des te meer
je ontdekt dat er
geen 'top' is.*

NANCY BARCUS

*Als je lang genoeg leeft,
zul je zien dat elke
overwinning uitdraait
op een nederlaag.*

SIMONE DE BEAUVOIR
(1908 - 1986)

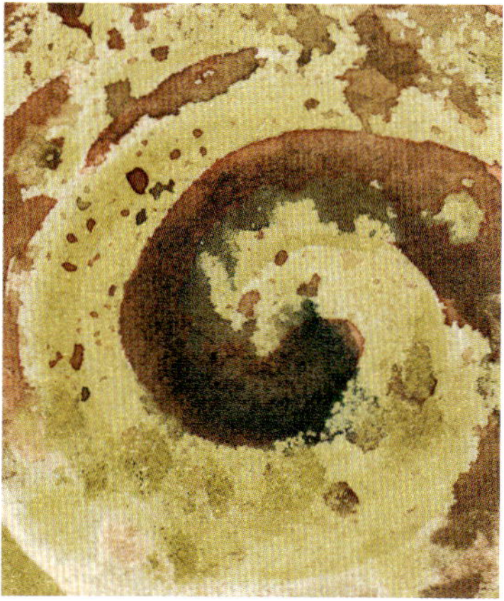

Alle succes is vergankelijk

*De wereld is een wiel
dat altijd draait.
Zij die boven zijn,
gaan diep naar
beneden, en
zij die onderaan
hebben gezeten
gaan omhoog.*

ANZIA YEZIERSKA

Maak wat van elke minuut

Succes is hoe je je minuten samenvoegt. Je besteedt miljoenen minuten aan het bereiken van één enkele overwinning, en één minuut aan het genieten daarvan. Als je in al die miljoenen minuten ongelukkig zou zijn, wat heb je dan aan duizenden minuten van overwinning?

NORMAN LEAR

GENIET ERVAN!

*Hecht nooit te veel
waarde aan succes.
Geniet er gewoon van
zolang het duurt.*

PAM BROWN

*Er zijn twee dingen
om na te streven
in het leven.
Ten eerste:
krijgen wat je wilt.
En daarna,
ervan genieten.
Alleen echt wijze
mensen komen ook toe
aan het tweede.*

LOGAN PEARSALL SMITH
(1865 - 1946)

De wijdverbreide gedachte dat succes mensen bederft doordat ze er ijdel, egoïstisch en zelfgenoegzaam van worden, is onjuist. Het maakt hen juist vaak nederig, goedwillend en aardig.

SOMERSET MAUGHAM
(1874 - 1965)

*Succes is alles
wat je ervan
mag verwachten.
M'n leven wordt beter,
m'n werk leuker en
ikzelf aardiger.*

DANIEL TRAVANTI

*Succes is nooit een eind
– 't is pas het begin.*

PAM BROWN

*Succes is slechts in
zoverre belangrijk dat
het je in staat stelt om
meer dingen te doen
die je leuk vindt.*

SARAH CALDWELL

*Tenzij je er grote dingen
mee wilt gaan doen,
maakt het niet uit
hoe je je beloning krijgt,
of hoeveel macht
je hebt.*

OPRAH WINFREY

*De beloning
voor iets dat je
goed gedaan hebt,
is dat je het goed
gedaan hebt.*

RALPH WALDO EMERSON
(1803 - 1882)

*Succes is een uitbundig
vuurwerk dat de hemel
verlicht voor allen die
van je houden.*

PAM BROWN

Vreugde komt uit de wil die zijn werk doet, die hindernissen neemt, die overwinning kent.

WILLIAM BUTLER YEATS
(1865 - 1939)

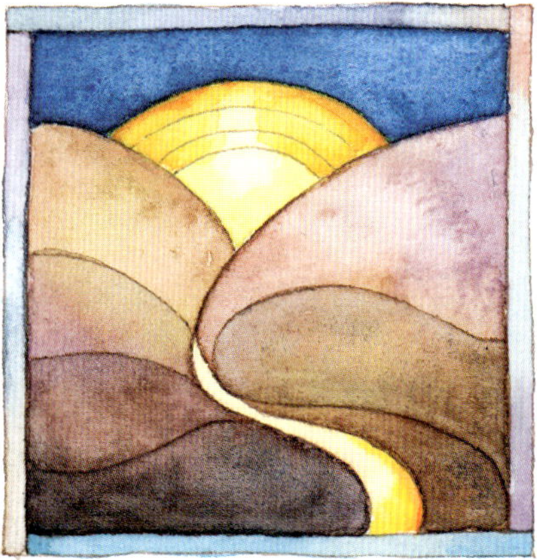

Succes is een eindresultaat, maar mag nooit het doel op zichzelf worden.

GUSTAVE FLAUBERT
(1821 - 1880)

In deze serie verschenen ook:
Bedankt voor alles
Pluk de dag
Geloof in jezelf!
Het kleine boekje over liefde
Het kleine boekje over vriendschap
Woorden van Bemoediging
Woorden van Eenvoud
Woorden van Hoop
Woorden van Liefde
Woorden van Schoonheid
Woorden van Stilte
Woorden van Troost
Woorden van Vrede
Woorden van Vreugde
Woorden van Vriendschap
Woorden van Wijsheid
Woorden van Wilskracht

Verantwoording:
WYNN DAVIS: Met toestemming van de uitgever, uit *The Best of Success* © 1998 Successories, Inc. Uitgave van Career Press Inc., Franklin Lakes, NJ.
RUTH FISHEL: Uit *Time For Joy* van Ruth Fishel, uitgave van Health Communications, Inc., met hun toestemming opgenomen.
PAM BROWN, PAMELA DUGDALE: met hun toestemming opgenomen, © Helen Exley 2002.